Print on Demand 2.0

Wie Influencer Marketing dein Geschäft revolutioniert

von

David Diallo

Inhaltsverzeichnis

Einführung in das Konzept von Print on Demand 2.0

Herzlich willkommen zu einer Einführung in das Konzept von Print on Demand 2.0!

Wenn Sie darüber nachdenken, Ihr Geschäft auf die nächste Stufe zu bringen, dann ist Print on Demand 2.0 vielleicht genau das Richtige für Sie. Immer mehr Unternehmen erkennen die Vorteile von Print on Demand, bei dem Sie Produkte erst dann produzieren, wenn sie tatsächlich verkauft werden. Dies bedeutet, dass Sie keine teure Lagerhaltung für unverkaufte Produkte mehr aufwenden müssen und dass Sie Ihre Ressourcen effektiv einsetzen können.
Aber das ist erst der Anfang. Mit dem Konzept von Print on Demand 2.0 haben Sie jetzt die Möglichkeit, Ihr Geschäft durch Influencer Marketing zu revolutionieren.

Influencer Marketing ist eine Marketingstrategie, bei der Sie eine Person oder Gruppe mit einer großen Online-Präsenz als Botschafter für Ihr Produkt einsetzen. Diese Influencer verfügen über eine treue Fangemeinde, die auf ihre Empfehlungen hört. Wenn Sie Ihr Produkt also an einen Influencer vermarkten, können Sie Zugang zu einer neuen Zielgruppe erlangen, die Sie möglicherweise mit herkömmlichem Marketing nicht erreicht hätten.

Durch die Kombination von Print on Demand und Influencer Marketing können Sie Ihr Geschäft auf eine neue Stufe bringen. Sie produzieren Ihre Produkte erst, wenn sie verkauft werden, und Sie vermarkten sie durch Influencer, die eine große Online-Präsenz und eine treue Fangemeinde haben. Das bedeutet, dass Sie Ihre Ressourcen effektiv einsetzen und dass Sie Ihr Geschäft auf eine neue Stufe bringen können.

Wenn Sie bereit sind, Ihr Geschäft auf die nächste Stufe zu bringen, dann ist es Zeit, dass Sie sich mit dem Konzept von Print on Demand 2.0 vertraut machen. Machen Sie sich bereit, Ihr Geschäft durch die Kombination von Print on Demand und Influencer Marketing zu revolutionieren!

Wie Influencer Marketing das Online-Geschäft revolutioniert

Eine Revolution im Online-Geschäft ist in vollem Gange und sie trägt den Namen Influencer Marketing. Diese neue Methode, um Online-Produkte zu vermarkten, verändert das Geschäft auf fundamentaler Ebene und bietet Unternehmern und Einzelpersonen neue Möglichkeiten, um ihre Produkte zu verkaufen.

Influencer Marketing nutzt das Potenzial von Influencern, um Produkte an ein größeres Publikum zu verkaufen. Influencer sind Personen mit einer großen und engagierten Social-Media-Follower-Basis, die in der Lage sind, Produkte und Marken an ihre Follower zu empfehlen. Diese Empfehlungen wirken oft wie eine Art von Empfehlung von Freunden und können eine unglaubliche Wirkung auf das Kaufverhalten haben.

Diese Art des Marketings bietet viele Vorteile gegenüber traditionellen Marketingmethoden. Zum Beispiel kann Influencer Marketing den Verkauf von Produkten direkt ankurbeln und es kann eine große Menge an Traffic auf einen Online-Shop bringen. Darüber hinaus kann es Unternehmen helfen, ihre Produkte und Markenbekanntheit auszubauen und eine starke Bindung zu ihrem Zielpublikum aufzubauen.

Eine weitere große Stärke von Influencer Marketing ist, dass es sehr personalisiert ist. Influencer sind in der Lage, ihre Follower auf eine sehr persönliche Art und Weise anzusprechen und können so eine tiefere Beziehung mit ihnen aufbauen. Dies kann dazu beitragen, dass Kunden mehr Vertrauen in die Produkte haben und bereit sind, diese zu kaufen.

Doch wie kann man erfolgreich in Influencer Marketing einsteigen? Der erste Schritt besteht darin, eine Klarheit über das eigene Zielpublikum zu gewinnen. Dies bedeutet, dass man sich Gedanken darüber macht, wer die idealen Kunden für das eigene Produkt sind und welche Influencer diese Personengruppe am besten erreichen können.

Ein weiterer wichtiger Schritt ist, Influencer auszuwählen, die gut zum eigenen Produkt und zur eigenen Marke passen. Dies bedeutet, dass man sich Influencer aussucht, die eine ähnliche Philosophie und Vision haben und deren Follower sich für die gleichen Dinge interessieren wie die idealen Kunden.

Wenn man die richtigen Influencer auswählt, kann man eine unglaublich hohe Reichweite erzielen, die einem ermöglicht, ein Publikum zu erreichen, das man mit herkömmlichen Marketingstrategien nicht erreicht hätte. Es geht nicht mehr nur darum, Werbung zu machen, sondern darum, echte Beziehungen aufzubauen, indem man auf die Bedürfnisse und Interessen seines Publikums eingeht. Influencer Marketing ermöglicht es, eine Geschichte zu erzählen und eine emotionale Verbindung zu dem Produkt aufzubauen. Es ist ein unglaublich wertvolles Instrument für das Online-Geschäft, das man nicht ignorieren darf.

Ein weiterer Vorteil von Influencer Marketing ist, dass es eine hervorragende Möglichkeit ist, Traffic auf die eigene Website zu lenken. Influencer können auf ihren eigenen Plattformen einen Link zur Website eines Unternehmens teilen, was zu einem Anstieg des Traffic führt und somit zu mehr Umsatz führt.

Auch die Glaubwürdigkeit spielt bei Influencer Marketing eine wichtige Rolle. Influencer haben oft eine große Anhängerschaft, die ihnen vertraut und ihnen zuhört. Wenn ein Influencer ein Produkt bewerbt, wird dieses als vertrauenswürdiger angesehen, als wenn es von einem Unternehmen direkt beworben würde.

Die Wichtigkeit von Social-Media-Präsenz für Online-Geschäfte

Social-Media-Präsenz ist für Online-Geschäfte unverzichtbar geworden. Die Welt hat sich rasant verändert und es ist jetzt wichtiger denn je, eine starke Präsenz auf den sozialen Medien zu haben, um erfolgreich zu sein. In diesem Artikel werden wir uns ausführlich mit der Bedeutung von Social-Media-Präsenz für Online-Geschäfte beschäftigen.

Zunächst einmal ist es wichtig zu verstehen, dass die Menschen heutzutage immer mehr Zeit auf sozialen Medien verbringen. Laut einer Studie verbringen Menschen in den USA durchschnittlich mehr als zwei Stunden täglich auf sozialen Netzwerken. Dies bedeutet, dass Online-Geschäfte eine große Zielgruppe erreichen können, wenn sie auf den richtigen sozialen Medien präsent sind.

Eine starke Social-Media-Präsenz hilft auch beim Aufbau einer Marke. Ein Online-Geschäft kann mit den richtigen sozialen Medien eine große Anhängerschaft aufbauen und eine starke, erkennbare Marke schaffen. Dies hilft dem Online-Geschäft, Kunden zu gewinnen und zu binden.

Zudem kann eine starke Social-Media-Präsenz auch dabei helfen, Traffic auf die Website des Online-Geschäfts zu lenken. Durch regelmäßige Aktualisierungen und Postings auf den sozialen Medien kann ein Online-Geschäft mehr Sichtbarkeit erlangen und mehr Traffic auf seine Website lenken.

Eine weitere wichtige Funktion von Social-Media-Präsenz ist die Kundenbetreuung. Soziale Netzwerke bieten Online-Geschäften die Möglichkeit, direkt mit ihren Kunden in Kontakt zu treten und ihre Fragen und Bedenken zu beantworten. Dies kann dazu beitragen, eine starke Kundenbindung und Kundentreue aufzubauen.

In Bezug auf das Influencer Marketing ist es wichtig zu erkennen, dass Influencer eine starke Präsenz auf sozialen Medien haben und dadurch eine große Zielgruppe erreichen können. Influencer können dazu beitragen, ein Online-Geschäft bekannter zu machen und Traffic auf die Website zu lenken. Zudem kann das Influencer Marketing dabei helfen, eine starke Marke aufzubauen und eine treue Fanbase zu gewinnen. Influencer haben bereits eine bestehende Fangemeinde und können ihre Follower auf das Online-Geschäft aufmerksam machen. Dies kann dazu beitragen, die Sichtbarkeit des Geschäfts zu erhöhen und neue Kunden anzulocken. Influencer können auch bei der Schaffung von Vertrauen bei den Kunden helfen, indem sie über die Vorteile und Funktionsweisen des Geschäfts sprechen.

Social-Media-Präsenz ist jedoch nicht nur für Influencer Marketing wichtig, sondern auch für die allgemeine Vermarktung des Geschäfts. Social-Media-Plattformen wie Facebook, Instagram und TikTok bieten Online-Geschäften eine Möglichkeit, direkt mit ihren Zielgruppen in Kontakt zu treten. Hier können sie ihr Angebot bewerben, Feedback von Kunden sammeln und eine starke Online-Präsenz aufbauen.

Ein weiterer Vorteil der Social-Media-Präsenz ist, dass es die Möglichkeit bietet, bei der Suchmaschinenoptimierung zu helfen. Je mehr Online-Präsenz ein Geschäft hat, desto eher wird es von Suchmaschinen wie Google und Bing gefunden. Dies kann dazu beitragen, den Traffic auf der Website zu erhöhen und mehr potenzielle Kunden anzulocken.

Infolgedessen kann man sagen, dass Social-Media-Präsenz für Online-Geschäfte von unschätzbarem Wert ist. Es hilft bei der Vermarktung des Geschäfts, der Schaffung von Vertrauen bei den Kunden und der Steigerung der Sichtbarkeit im Internet. Es ist wichtig, dass Online-Geschäfte ihre Social-Media-Präsenz sorgfältig planen und pflegen, um die vollen Vorteile nutzen zu können.

Die Auswahl der richtigen Influencer für dein Geschäft

Eine erfolgreiche Zusammenarbeit mit Influencern ist für das Online-Geschäft von größter Bedeutung. Wenn Sie die richtigen Influencer auswählen, können Sie Ihre Marke stärken, eine treue Kundenbasis aufbauen und letztendlich Ihren Umsatz steigern. Dies ist jedoch keine leichte Aufgabe. Hier sind einige Tipps, wie Sie die besten Influencer für Ihr Geschäft finden können.

Erstens, stellen Sie sicher, dass die Influencer eine ähnliche Zielgruppe haben wie Ihr Geschäft. Wenn Ihr Zielpublikum hauptsächlich aus Frauen im Alter von 25-35 Jahren besteht, sollten Sie nach Influencern suchen, die eine ähnliche Zielgruppe ansprechen.

Zweitens, achten Sie darauf, dass die Influencer eine starke Social-Media-Präsenz haben. Überprüfen Sie ihre Followerzahlen, Interaktionen und Reichweite, um sicherzustellen, dass sie eine große und aktive Anhängerschaft haben.

Drittens, überprüfen Sie den Inhalt, den die Influencer veröffentlichen. Stellen Sie sicher, dass ihre Beiträge gut produziert und relevant für Ihr Geschäft sind. Wenn die Influencer beispielsweise Mode- und Lifestyle-Themen besprechen, aber Ihr Geschäft Produkte für Haustiere verkauft, sind sie möglicherweise nicht die beste Wahl.

Viertens, denken Sie daran, dass Authentizität und Glaubwürdigkeit von großer Bedeutung sind. Suchen Sie nach Influencern, die über eine authentische und echte Verbindung zu ihren Followern verfügen. Auch ihre Überzeugungen und Werte sollten gut mit denen Ihres Geschäfts übereinstimmen.

Schließlich, bauen Sie eine Beziehung auf. Es ist wichtig, dass Sie eine offene und transparente Kommunikation mit Ihren Influencern aufbauen. Eine gute Beziehung kann dazu beitragen, dass Ihre Zusammenarbeit erfolgreicher und langlebiger wird.

In den vergangenen Jahren hat das Influencer Marketing eine rasante Entwicklung genommen und es wird erwartet, dass es in Zukunft weiter wachsen wird. Wenn Sie die richtigen Influencer auswählen und eine starke Partnerschaft mit ihnen aufbauen, kann das Influencer Marketing Ihnen Online-Geschäft auf ein völlig neues Level bringen. Diese Influencer haben oft eine große und engagierte Fangemeinde, die ihnen auf Social-Media-Plattformen folgt. Diese Follower vertrauen den Empfehlungen und Meinungen ihrer bevorzugten Influencer und sind bereit, deren Empfehlungen in die Tat umzusetzen. Durch eine starke Partnerschaft mit den richtigen Influencer können Sie also ihre Marke und ihr Angebot direkt an eine große und bereits engagierte Zielgruppe verkaufen.

Eine wichtige Überlegung bei der Auswahl der richtigen Influencer ist, dass ihre Zielgruppe mit der Zielgruppe Ihres Geschäfts übereinstimmt. Es bringt nicht viel, wenn Sie mit einem Influencer zusammenarbeiten, dessen Follower einfach kein Interesse an Ihrem Angebot haben. Es ist wichtig, dass Sie sich die Zeit nehmen, die richtigen Influencer auszuwählen.

Produktions- und Marketingstrategien für Print on Demand 2.0

In der Welt von Print on Demand 2.0 ist es entscheidend, dass Sie eine solide Produktions- und Marketingstrategie aufbauen. Diese Strategien sollten sorgfältig geplant und ausgeführt werden, um das Potenzial Ihres Geschäfts voll auszuschöpfen.

Zunächst ist es wichtig, dass Sie das richtige Produkt oder die richtige Produktlinie auswählen. Überlegen Sie sich, wofür Ihr Zielmarkt bekannt ist und was es braucht, um seine Aufmerksamkeit zu gewinnen. Überlegen Sie sich auch, welche Art von Produkten Ihre Zielgruppe kaufen würde und welche Nachfrage für diese Produkte besteht.

Nachdem Sie das richtige Produkt ausgewählt haben, ist es Zeit, eine effektive Marketingstrategie zu entwickeln. Influencer Marketing kann ein wertvolles Werkzeug sein, um Ihr Produkt bekannt zu machen und Ihr Geschäft zu fördern. Überlegen Sie sich, welche Influencer am besten zu Ihrem Produkt und Ihrer Zielgruppe passen und arbeiten Sie mit ihnen zusammen, um Ihr Produkt zu bewerben.

Eine weitere wichtige Strategie ist das Social-Media-Marketing. Social-Media-Plattformen wie Instagram, Facebook und TikTok bieten eine große Reichweite und sind ein hervorragender Ort, um Ihr Produkt bekannt zu machen. Überlegen Sie sich, welche Social-Media-Plattformen Ihre Zielgruppe nutzt und wie Sie diese Plattformen nutzen können, um Ihr Produkt zu bewerben.

Es ist auch wichtig, dass Sie Ihre Online-Präsenz aufbauen. Dies kann durch die Erstellung einer eigenen Website oder durch die Nutzung von Online-Marktplätzen wie Amazon oder Etsy erfolgen. Stellen Sie sicher, dass Ihre Website professionell aussieht und einfach zu navigieren ist, und nutzen Sie sie, um Ihr Produkt zu bewerben und Kunden zu gewinnen.

Schließlich ist es wichtig, dass Sie sich Zeit nehmen, um Ihre Strategien zu überwachen und zu verbessern. Überprüfen Sie regelmäßig Ihre Marketing- und Verkaufszahlen und passen Sie Ihre Strategien an, um bessere Ergebnisse zu erzielen.

Erstellung von hochwertigen und ansprechenden Produktbildern

In der Welt des Online-Handels ist ein hochwertiges und ansprechendes Produktbild von entscheidender Bedeutung, wenn es darum geht, potenzielle Kunden zu gewinnen und zu überzeugen. Eine ansprechende Darstellung Ihres Produkts ist eine der wichtigsten Werkzeuge, um potenzielle Kunden zu informieren und zu inspirieren, es zu kaufen. In diesem Artikel werden wir besprechen, wie Sie hochwertige und ansprechende Produktbilder erstellen können, um Ihre Verkaufschancen zu erhöhen.

Zunächst müssen Sie dafür sorgen, dass das Produkt selbst in einwandfreiem Zustand ist. Stellen Sie sicher, dass es makellos und attraktiv aussieht, bevor Sie es fotografieren. Dann müssen Sie eine gute Kamera und ein geeignetes Licht verwenden, um das bestmögliche Ergebnis zu erzielen. Verwenden Sie eine Kamera mit hoher Auflösung und einstellbaren ISO-Einstellungen, um ein klares und detailliertes Bild zu erhalten. Auch das Licht spielt eine wichtige Rolle. Verwenden Sie natürliches Licht, wenn möglich, oder stellen Sie eine Beleuchtungsvorrichtung bereit, um ein gleichmäßiges und helles Licht zu erzeugen.

Neben der Verwendung einer guten Kamera und einer geeigneten Beleuchtung müssen Sie auch auf den Aufbau des Bildes achten. Verwenden Sie einen weißen Hintergrund, um das Produkt hervorzuheben und den Fokus auf das Produkt zu lenken. Stellen Sie das Produkt in einer Weise dar, die es von allen Seiten gut zeigt, und achten Sie darauf, dass es gut ausgeleuchtet ist. Verwenden Sie auch Zusatzgegenstände, um das Produkt besser zur Geltung zu bringen, z.B. Kugelschreiber oder Notizblöcke, um seine Größe und Funktionalität zu demonstrieren.

Es ist auch wichtig, dass Sie Ihre Produktbilder bearbeiten, um sicherzustellen, dass sie so gut wie möglich aussehen. Verwenden Sie eine geeignete Bildbearbeitungssoftware, um Farben und Kontrast anzupassen, Unvollständigkeiten zu korrigieren und das Bild insgesamt zu verbessern.

Verwendung von Influencer-Marketing-Tools für eine effektivere Vermarktung

In der heutigen digitalen Welt ist es für Online-Geschäfte von größter Bedeutung, ihre Marketingstrategien zu optimieren, um eine effektivere Vermarktung ihrer Produkte zu erreichen. Influencer-Marketing hat sich in den letzten Jahren zu einem wichtigen Bestandteil erfolgreicher Marketingstrategien entwickelt.

Doch was ist Influencer-Marketing genau und wie kann man es erfolgreich einsetzen? Influencer-Marketing ist eine Marketingstrategie, bei der Unternehmen mit Influencer-Personen oder Markenbotschaftern zusammenarbeiten, um ihre Produkte oder Dienstleistungen einer großen Zielgruppe vorzustellen. Influencer-Personen haben eine große und engagierte Community auf sozialen Medien, die sich für ihre Empfehlungen interessieren und bereit sind, darauf zu reagieren.

Um das Influencer-Marketing effektiver zu nutzen, gibt es eine Vielzahl von Tools und Plattformen, die Unternehmen bei der Verwaltung ihrer Partnerschaften mit Influencer-Personen unterstützen. Diese Tools können beispielsweise dabei helfen, die richtigen Influencer auszuwählen, eine effektive Kommunikation zu führen und den Erfolg der Partnerschaft zu messen.

Ein wichtiger Faktor bei der Verwendung von Influencer-Marketing-Tools ist es, dass man die richtigen Tools für sein Geschäft auswählt. Es gibt unterschiedliche Plattformen, die sich auf unterschiedliche Branchen oder Zielgruppen spezialisiert haben. Zudem ist es wichtig, dass man die Funktionen und Kosten der verschiedenen Tools vergleicht, um das für sein Geschäft beste Tool zu wählen.

Ein weiterer wichtiger Aspekt ist, dass man das Influencer-Marketing in seine Gesamtmarketingstrategie integriert. Es ist wichtig, dass man eine klare Vorstellung hat, wie das Influencer-Marketing in die Gesamtstrategie passt und welche Ziele man damit erreichen möchte.

Es lässt sich sagen, dass Influencer-Marketing-Tools ein wichtiger Bestandteil erfolgreicher Marketingstrategien sind. Es ist wichtig, dass man die richtigen Tools auswählt, dass man das Influencer-Marketing in seine Gesamtstrategie integriert und dass man einekontinuierliche Überwachung und Anpassung vornimmt. So kann man sicherstellen, dass das Influencer-Marketing effektiv und erfolgreich ist und dass man das beste Ergebnis für sein Geschäft erzielt. Die Verwendung von Influencer-Marketing-Tools kann dabei helfen, den Prozess zu automatisieren, Daten zu sammeln und zu analysieren und den Überblick über den Erfolg des Influencer-Marketings zu behalten.

Ein Beispiel für ein Influencer-Marketing-Tool ist eine Plattform, die es ermöglicht, Influencer zu finden, mit ihnen zusammenzuarbeiten und ihre Leistung zu verfolgen. Hier kann man auch Angebote an Influencer senden und die Reaktionen verfolgen. Außerdem kann man mithilfe von Analytics und Daten die Leistung des Influencer-Marketings überwachen und anpassen.

Es ist jedoch wichtig zu beachten, dass man auch ohne Tools erfolgreiches Influencer-Marketing betreiben kann. Man sollte sich Zeit nehmen, um die richtigen Influencer auszuwählen, eine starke Beziehung mit ihnen aufzubauen und kreative und effektive Marketingstrategien zu entwickeln.

In Zusammenfassung lässt sich sagen, dass die Verwendung von Influencer-Marketing-Tools ein wichtiger Teil der Vermarktungsstrategie sein kann, aber nicht die einzige Lösung ist. Es ist wichtig, dass man sich Zeit nimmt, um die richtigen Influencer auszuwählen, eine starke Beziehung mit ihnen aufzubauen und kreative und effektive Marketingstrategien zu entwickeln. Indem man eine kontinuierliche Überwachung und Anpassung vornimmt, kann man sicherstellen, dass das Influencer-Marketing effektiv und erfolgreich ist und dass man das beste Ergebnis für sein Geschäft erzielt.

Datenanalyse und Optimierung von Konversionen und Umsatz

In der heutigen schnelllebigen Welt, in der es unzählige Konkurrenten gibt, die um die Aufmerksamkeit der Verbraucher kämpfen, ist es von größter Bedeutung, dass Online-Geschäfte ihre Verkaufsstrategien und -prozesse ständig verbessern. Ein wichtiger Faktor bei der Verbesserung dieser Prozesse ist die Analyse von Daten.

Datenanalyse ist ein Prozess, bei dem große Mengen an Informationen sammeln, analysieren und interpretiert werden, um bessere Entscheidungen zu treffen und bessere Ergebnisse zu erzielen. Im Kontext des Online-Geschäfts bedeutet dies, dass Sie Informationen über Ihre Verkaufszahlen, Besucherzahlen, Klickraten und andere relevante Daten sammeln und analysieren können, um ein besseres Verständnis für Ihre Zielgruppe zu gewinnen und Ihre Marketing- und Verkaufsstrategien zu optimieren.

Die Analyse von Konversionen und Umsatz ist ein wichtiger Teil dieses Prozesses. Konversionen beziehen sich auf die Anzahl der Besucher, die auf Ihrer Website tatsächlich einen Kauf tätigen, während der Umsatz die Gesamtmenge an Geld ist, die Sie durch diese Verkäufe erzielen. Diese Zahlen können Ihnen wertvolle Einblicke in die Wirksamkeit Ihrer Verkaufsstrategien geben und helfen Ihnen dabei, Schwächen zu identifizieren und zu beheben.

Ein weiterer wichtiger Faktor bei der Optimierung von Konversionen und Umsatz ist die Verwendung von A/B-Tests. A/B-Tests ermöglichen es Ihnen, zwei Versionen einer bestimmten Seite oder eines bestimmten Prozesses gegeneinander zu testen, um herauszufinden, welche Version besser funktioniert. Dies kann beispielsweise die Optimierung Ihrer Produktseiten, Ihrer Checkout-Prozesse oder sogar Ihrer Marketingkampagnen umfassen.

Um die bestmöglichen Ergebnisse zu erzielen, ist es wichtig, dass Sie Ihre Datenanalyse und Optimierung regelmäßig durchführen. Dies kann mithilfe von Tools wie Google Analytics, Mixpanel oder Optimizely erfolgen. Durch die Verwendung dieser Tools können Sie wichtige Trends und Muster identifizieren und Ihre Verkaufsstrategien ständig verbessern.

Wie man erfolgreich mit Influencer-Kooperationen arbeitet

In unserer heutigen Zeit ist Influencer-Marketing ein wichtiger Bestandteil erfolgreicher Marketingstrategien. Wenn Sie das Potenzial von Influencer-Kooperationen ausschöpfen möchten, ist es wichtig, einige wichtige Regeln zu beachten. Hier sind einige Tipps, wie Sie erfolgreich mit Influencer-Kooperationen arbeiten können.

Ziele definieren: Bevor Sie mit Influencer-Kooperationen beginnen, ist es wichtig, Ihre Ziele zu definieren. Was möchten Sie erreichen? Möchten Sie Ihre Marke bekannter machen? Möchten Sie Ihre Verkaufszahlen erhöhen? Klären Sie Ihre Ziele, damit Sie wissen, welche Influencer am besten zu Ihrem Unternehmen passen.

Passende Influencer auswählen: Wählen Sie Influencer aus, die zu Ihrem Unternehmen und Ihren Produkten passen. Schauen Sie sich die Zielgruppe des Influencers an und stellen Sie sicher, dass es Überschneidungen mit Ihrer Zielgruppe gibt. Es ist auch wichtig, dass der Influencer authentisch ist und eine starke Präsenz auf seinen sozialen Medien hat.

Eine starke Beziehung aufbauen: Arbeiten Sie mit Influencern zusammen, mit denen Sie eine starke Beziehung aufbauen können. Eine erfolgreiche Influencer-Kooperation basiert auf Vertrauen und Respekt. Bauen Sie eine gute Kommunikation auf und seien Sie offen für Feedback.

Angepasste Strategien entwickeln: Jeder Influencer ist anders und hat unterschiedliche Stärken und Schwächen. Entwickeln Sie eine angepasste Strategie für jeden Influencer, um das bestmögliche Ergebnis zu erzielen.

Erfolge messen: Messen Sie den Erfolg Ihrer Influencer-Kooperationen. Überwachen Sie die Reichweite und Interaktionen auf sozialen Medien und den Umsatz, den Sie durch die Kooperation generieren. Analysieren Sie die Daten und optimieren Sie Ihre Strategie, um bessere Ergebnisse zu erzielen.

Dies sind nur einige Tipps, wie Sie erfolgreich mit Influencer-Kooperationen arbeiten können. Wenn Sie sich an diese Regeln halten und eine starke Beziehung mit Ihren Influencern aufbauen, können Sie das Potenzial von Influencer-Marketing voll ausschöpfen.

Verwaltung und Überwachung des Geschäfts in der Welt von Print on Demand 2.0

In der Welt von Print on Demand 2.0 ist es von großer Bedeutung, dass man sein Geschäft effektiv verwaltet und überwacht. Eine gute Verwaltung bedeutet, dass Sie Ihre Ressourcen effizient einsetzen, um das Beste aus Ihrem Geschäft herauszuholen. Eine gute Überwachung hilft Ihnen, Probleme frühzeitig zu erkennen und zu lösen, bevor sie zu großen Herausforderungen werden.

Um erfolgreich in der Welt von Print on Demand 2.0 zu sein, müssen Sie eine gründliche Überwachung Ihrer Geschäftstätigkeiten implementieren. Hier sind einige wichtige Schritte, die Sie unternehmen können:

Überwachen Sie Ihre Finanzen: Überwachen Sie Ihre Finanzen regelmäßig, um sicherzustellen, dass Sie auf Kurs bleiben und dass Ihr Geschäft profitabel ist. Überprüfen Sie Ihre Umsätze, Kosten und Gewinne.

Überwachen Sie Ihr Kundenfeedback: Überwachen Sie das Feedback Ihrer Kunden regelmäßig, um zu verstehen, wie zufrieden sie mit Ihren Produkten und Ihrem Service sind. Verwenden Sie dieses Feedback, um Ihre Geschäftspraktiken zu verbessern und Ihre Kunden glücklicher zu machen.

Überwachen Sie Ihre Konkurrenz: Überwachen Sie Ihre Konkurrenten, um zu verstehen, was sie tun und wie Sie besser werden können. Vergleichen Sie Ihre Produkte, Preise und Marketingstrategien mit denen Ihrer Konkurrenten.

Überwachen Sie Ihre Social-Media-Präsenz: Überwachen Sie Ihre Social-Media-Präsenz, um zu verstehen, wie Ihre Marke in der Online-Community wahrgenommen wird. Verfolgen Sie die Interaktionen Ihrer Follower und beantworten Sie Fragen und Kommentare.

Überwachen Sie Ihre Influencer-Marketing-Kampagnen: Überwachen Sie Ihre Influencer-Marketing-Kampagnen, um zu verstehen, welche Kampagnen am erfolgreichsten sind und welche verbessert werden müssen. Verwenden Sie diese Informationen, um Ihre Kampagnen zu optimieren und bessere Ergebnisse zu erzielen.

Skalierung des Geschäfts und Umsatzsteigerung

Herzlichen Glückwunsch! Sie haben den Schritt gewagt und sich auf die Reise in die Welt von Print on Demand 2.0 begeben. Durch den Einsatz von Influencer Marketing können Sie Ihr Geschäft revolutionieren und es auf die nächste Stufe bringen. Doch wie geht es nun weiter? Wie kann man sein Geschäft skalieren und den Umsatz steigern?

Dale Carnegie sagte einst: "Es gibt keine größere Befriedigung, als erfolgreich zu sein und das Potenzial, das in einem steckt, auszuschöpfen." Genau dies ist das Ziel, das Sie mit Print on Demand 2.0 und Influencer Marketing erreichen können. Doch um erfolgreich zu sein, müssen Sie bereit sein, hart zu arbeiten und ständig zu lernen.

Eines der wichtigsten Dinge, die Sie tun können, um Ihr Geschäft zu skalieren und den Umsatz zu steigern, ist die ständige Überwachung und Analyse Ihrer Daten. Überwachen Sie Ihre Verkaufszahlen und passen Sie Ihre Strategien entsprechend an. Nutzen Sie Tools wie Google Analytics, um die Leistung Ihrer Kampagnen zu überwachen und zu optimieren. Indem Sie ständig Ihre Daten überwachen und analysieren, können Sie sicherstellen, dass Sie immer auf dem neuesten Stand sind und Ihr Geschäft auf einer soliden Datengrundlage aufbauen.

Eine weitere Möglichkeit, Ihr Geschäft zu skalieren, ist die Verwendung von Influencer-Kooperationen. Suchen Sie nach Influencern, die eine ähnliche Zielgruppe wie Sie haben und die bereit sind, Ihre Produkte zu bewerben. Indem Sie erfolgreiche Kooperationen mit Influencern eingehen, können Sie Ihre Reichweite erhöhen und neue Kunden gewinnen. Stellen Sie sicher, dass Sie mit Ihren Influencer-Partnern offen kommunizieren und eine enge Beziehung aufbauen, um eine erfolgreiche Zusammenarbeit zu garantieren.

Eine weitere Möglichkeit, Ihr Geschäft zu skalieren, ist durch die Verwendung von Online-Werbekampagnen. Nutzen Sie Plattformen wie Facebook Ads oder Google AdWords, um Ihre Produkte einer breiten Zielgruppe zu präsentieren.

Zukunftsaussichten und Weiterentwicklung des Influencer-Marketings im Online-Geschäft

In den letzten Jahren hat das Influencer-Marketing einen rasanten Aufstieg erlebt. Immer mehr Unternehmen erkennen die Vorteile und die Kraft von Influencer-Kooperationen, um ihre Marke und ihre Produkte zu bewerben. Doch was bedeutet das für die Zukunft des Influencer-Marketings? In diesem Kapitel werden wir uns mit den zukünftigen Aussichten und der Weiterentwicklung dieser Marketingmethode befassen.

Eines der großen Trends im Influencer-Marketing ist die zunehmende Professionalisierung. Influencer werden immer mehr zu einer echten Berufsgruppe und bauen ihre Marke auf eine professionellere und langlebigere Art auf. Auch Unternehmen werden immer anspruchsvoller bei der Auswahl ihrer Influencer-Partner und legen großen Wert auf die Authentizität und Relevanz dieser Beziehungen.

Ein weiterer Trend ist die Verwendung von Künstlicher Intelligenz und maschinellem Lernen, um die Effektivität von Influencer-Kampagnen zu verbessern. Durch die Verwendung von Technologie wird es möglich sein, eine größere Reichweite und eine höhere Engagement-Rate zu erreichen. Auch die Überwachung und Analyse von Influencer-Kampagnen wird vereinfacht und verbessert, was den Erfolg dieser Marketingmethode weiter steigern wird.

Ein weiterer wichtiger Trend im Influencer-Marketing ist die Verwendung von Micro-Influencern. Diese Influencer haben zwar nicht so viele Follower wie große Influencer, aber dafür eine sehr engagierte und treue Fanbase. Unternehmen können durch die Zusammenarbeit mit Micro-Influencern eine sehr spezifische Zielgruppe erreichen und somit eine höhere Konversionsrate erzielen.

Eine weitere Entwicklung im Influencer-Marketing ist die Verwendung von Influencer-Marketing-Plattformen. Diese Plattformen erleichtern die Suche nach den passenden Influencer-Partnern und bieten eine Vielzahl von Funktionen, wie z.B. die Verwaltung von Influencer-Kampagnen, die Überwachung von Engagement-Raten und die Analyse von Kampagnen-Daten.

Wie einen Influencer anschreiben?

Einen Influencer richtig anzuschreiben, ist enorm wichtig, um einen guten ersten Eindruck zu machen. Im Folgenden erhalten Sie zwei Textvorlagen, die Sie nutzen können, um Ihren nächsten Influencer zu engagieren.

Formell:

Sehr geehrter [Name des Influencers],

mein Name ist [Dein Name] und ich bin der [Berufstitel] bei [Name deines Unternehmens]. Ich bin ein großer Fan Ihrer Arbeit und bin beeindruckt von Ihrer Fähigkeit, [Beschreibung Ihrer Fähigkeiten und Interessen des Influencers].

Ich bin der Meinung, dass Ihre Follower und Ihre Marke perfekt zu unseren Zielen und unserem Produkt [Produktbeschreibung] passen würden. Deshalb bin ich hier, um Sie über eine mögliche Kooperation mit uns zu informieren.

Wir glauben, dass unsere Produkte [Beschreibung der Vorteile des Produkts] und dass Sie als Influencer in der Lage sind, Ihren Followern davon zu erzählen und eine Beziehung aufzubauen, die für beide Seiten von Vorteil ist.

Wir bieten Ihnen [Beschreibung des Angebots, z.B. Provisionen, kostenlose Produkte, exklusive Angebote usw.]. Wir denken, dass Sie Ihren Followern ein einzigartiges Angebot bieten können, das sie nicht ablehnen werden.

Bitte lassen Sie mich wissen, ob Sie an einer solchen Kooperation interessiert sind. Ich bin sicher, dass wir eine großartige Zukunft miteinander haben werden.

Mit freundlichen Grüßen,

[Dein Name]

Informell:

Hey [Influencer-Name],

Ich hoffe, es geht Dir gut! Ich bin [Dein Name], und ich bin begeistert von Deinem Content auf [Influencer-Plattform]. Deine Follower lieben Deine Energie und Deine einzigartige Perspektive, und ich denke, dass Du ein großartiger Partner für uns sein könntest.

Wir sind [Name des Geschäfts], und wir haben ein echt cooles Produkt, das ich gerne mit Deiner Hilfe vorstellen möchte. Unser [Produktbeschreibung] ist einfach der Hammer, und wir glauben, dass es genau das Richtige für Deine Follower ist.

Ich weiß, dass Du sehr beschäftigt bist, aber ich denke, dass Du von einer Kooperation mit uns eine Menge profitieren kannst. Wir können Dir zum Beispiel [eine bestimmte Menge an Produkten oder einen finanziellen Vorteil] anbieten, und wir können auch sicherstellen, dass Du bei allen unseren Marketingaktivitäten im Mittelpunkt stehst.

Ich hoffe, dass Du meine Nachricht erhältst und dass Du Interesse an einer Zusammenarbeit hast. Lass uns doch einfach mal chatten, und ich erzähle Dir mehr über unser Produkt und unser Unternehmen.

Ich freue mich auf Deine Antwort!

Liebe Grüße,
[Dein Name]

Danksagung

Liebe Leserinnen und Leser,

herzlichen Dank an alle, die dieses Buch ermöglicht haben!
Ohne eure Unterstützung wäre dieser Traum nicht wahr
geworden.

Ich bin unendlich dankbar für jeden von euch, der an mich
geglaubt hat und mir auf meinem Weg geholfen hat. Ob es
darum ging, Ideen zu sammeln, Feedback zu geben oder
einfach nur motivierende Worte zu sprechen - ihr wart alle eine
unglaubliche Stütze für mich.

Ein ganz besonderes Dankeschön geht an meine Familie, die
mich in allem unterstützt hat und immer an meiner Seite stand.
Ihr habt mich inspiriert, hart zu arbeiten und niemals
aufzugeben.

Und natürlich möchte ich auch allen meinen Lesern danken.
Eure Begeisterung und Anerkennung sind das, was mich
antreibt, weiterzumachen und noch bessere Bücher zu
schreiben.

Vielen Dank für eure Unterstützung und für die Ermöglichung
dieser unvergesslichen Reise!

Ich hoffe, dass dieses Buch Ihnen genauso viel Freude bereitet
hat, wie es mir bei seiner Erstellung bereitet hat.

Mit herzlichem Dank,
David Diallo

Hilfreiche Links

Hier finden Sie eine kleine Auflistung an Links, die Sie für den Start in das POD Business benötigen könnten. Über ein kostenloses Abonnement auf YouTube würde ich mich auch sehr freuen:

https://www.youtube.com/@cashoutgame

Instagram:
👉 https://bit.ly/COG-Instagram

Kostenloser POD STARTER GUIDE:
👉 https://bit.ly/PODStarterGuide

Kostenloses Merch by Amazon Tool:
👉 http://bit.ly/Productor-MBA

Kostenloses Spreadshirt Tool:
👉 http://bit.ly/Productor-Spreadshirt

Kostenlosen Shopify Store erstellen
👉 shopify.pxf.io/cashoutgame

Keine Zeit selbst hochzuladen? Nutze ein Uploadtool:
Merch Titans Automation:
👉 http://bit.ly/COG-MTA

Zum FylingResearch Tool:
👉 https://bit.ly/COG-FlyingResearch

Du brauchst hochwertige Designs?
Vexels:
👉 http://bit.ly/COG-Vexels

Nischenanalyse mit dem All in one Tool Merchreport:

100% kostenlos:
👉 http://bit.ly/Merchreport-Free

Advanced:
👉 http://bit.ly/Merchreport-Advanced

Basic:
👉 http://bit.ly/Merchreport-Basic

Trademarkcheck für DE:
👉 https://register.dpma.de/DPMAregister/marke/basis